평생 행복하고
풍요로운 삶을 살고자 하는

님께

드림

딱 1년만 말투를 바꿔 보자

369일 긍정 확언 달력

초판 1쇄 인쇄 2022년 12월 12일

지은이 엄남미
디자인 고은아
발행인 엄남미
발행처 케이미라클모닝

등 록 2021년 4월 8일 제2021-000020호
주 소 서울 동대문구 전농로 16길 51, 102-604
이메일 kmiraclemorning@naver.com
전 화 070-8771-2052
홈페이지 http://cafe.naver.com/koreamiraclemorning

값 15,000원
ISBN 979-11-977597-9-6 02330

* 잘못된 책은 구입하신 서점에서 바꾸어 드립니다.
* 이 책은 저작권법에 따라 보호받는 저작물이므로 무단전재 및 복제를 금합니다.
* 케이미라클모닝 출판사는 여러분의 소중한 원고를 기다리고 있습니다.

01/07

- 나는 우주에 존재하는 모든 선과 풍요에 마음을 연다.

- 나는 행운과 운과 부와 성공을 지금 받아들인다.

- 나는 차원 간의 문이 열리고 신비 체험을 한다.

오늘 간절히 바라는 한 가지

12/23

- 나는 내가 나를 위해 만든 모든 것을 사랑한다.
- 나는 창조적 상상력이 뛰어나다.
- 나는 무엇이든 만들 수 있다.

오늘 간절히 바라는 한 가지

01/08

- 나는 매일 내 몸이 더 건강해진다.
- 나는 매일 깊은 사랑을 느낀다.
- 나는 부자가 된다.

오늘 간절히 바라는 한 가지

12/22

- 나는 뭐든지 다 즐겁고, 기쁘고, 감사한 마음으로 해낼 수 있다.

- 나는 내 앞에 놓인 행운의 기회들을 완벽한 타이밍과 순서대로 잡는다.

- 나는 중도와 중용, 균형과 조화를 이룬다.

오늘 간절히 바라는 한 가지

01/09

- 나는 필요한 것을 다 얻는다.
- 나는 매일 몸이 더 젊어진다.
- 나는 매일 신성이 내 삶에 나타나게 한다.

오늘 간절히 바라는 한 가지

12/21

- 나는 내 안의 능력이 무한하다는 것을 안다.
- 나는 무한지성의 힘을 믿는다.
- 나는 내 안에 나보다 훨씬 더 위대한 존재를 느낀다.

오늘 간절히 바라는 한 가지

01/10

- 나의 동반자는 나와 뜻을 같이 하고, 솔선수범한다.
- 나는 매일 동시성이 늘어난다.
- 나는 매일 온전하다고 느낀다.

오늘 간절히 바라는 한 가지

12/20

- 모든 것은 완벽한 시간과 공간에서 최고의 사람을 통해 온다.

- 나는 사랑을 주고받을 자격이 충분해서 감사한다.

- 나는 가능하다. 된다. 된다. 나는 된다.

오늘 간절히 바라는 한 가지

01/11

- 나의 면역체계는 더 강해진다.
- 나는 용기 있게 살아간다.
- 나는 뭐든 할 수 있는 천재다.

오늘 간절히 바라는 한 가지

12/19

- 나에게는 모든 것이 쉽고, 편안하게, 애씀 없이, 긍정적으로 건강하게 온다.

- 나는 모든 사람들의 선을 위해 내 꿈을 이룬다.

- 나는 내 시간을 온전하고 자유롭게 쓸 수 있다.

오늘 간절히 바라는 한 가지

01/12

- 나는 내 생각의 주인이다.
- 나는 뜻하는 바의 내가 될 수 있다.
- 나는 할 수 있다.

오늘 간절히 바라는 한 가지

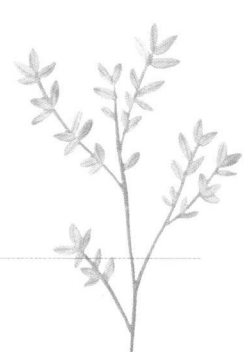

12/18

- 나는 할 수 있다.
- 나는 성공한 사람이다.
- 나는 어딜 가든 환영받는다.

오늘 간절히 바라는 한 가지

01/13

- 나는 방법만 배우면 된다.
- 나는 존경 받는다.
- 인생은 정말 쉽다.

오늘 간절히 바라는 한 가지

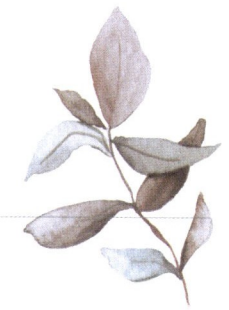

12/17

- 나는 영감이 떠오르면 즉시 행동한다.
- 나에게 오는 모든 것은 유익한 일들이다.
- 나는 지금부터 일어나는 모든 일이 좋은 것이라 생각한다.

오늘 간절히 바라는 한 가지

01/14

- 정말 멋지다.
- 온갖 좋은 일이 일어난다.
- 우아하게, 침착하게, 자신감 있게 오늘도 전진!

오늘 간절히 바라는 한 가지

12/16

- 나는 신의 힘있는 창조물이다.
- 나는 내가 지금까지 받은 축복에 감사한다.
- 나는 무엇이든 가능하게 만든다.

오늘 간절히 바라는 한 가지

01/15

- 나는 매일 더 온전하다고 느낀다.
- 나의 건강 면역체계가 더 강해진다.
- 나는 강하고 용기 있게 살아간다.

오늘 간절히 바라는 한 가지

12/15

- 나는 오늘은 미소와 웃음과 행복으로 채색하리라.
- 나는 오늘 사랑을 실천하리라.
- 나는 뭐든지 행복하게 행동하리라.

오늘 간절히 바라는 한 가지

01/16

- 나는 내 안에 그리고 내 주변에 있는 힘을 항상 자각한다.

- 나는 나 자신을 믿는다.

- 나는 미지의 것들을 받아들인다.

오늘 간절히 바라는 한 가지

12/14

- 나는 멈출 수 없는 자신감이 있다.
- 나는 그 누구보다 자신감이 넘친다.
- 나는 오늘도 사람들에게 따뜻한 미소와 말을 건낸다.

오늘 간절히 바라는 한 가지

01/17

- 나는 요청하면 영의 응답을 받는다.
- 나는 풍요와 사람들을 끌어당기는 자석이다.
- 나는 모든 종류의 풍요로움을 끌어당긴다.

오늘 간절히 바라는 한 가지

12/13

- 나는 이런 넘치는 부를 주신 신에게 감사한다.
- 나는 나의 부를 사람들에게 행복을 주기 위해 사용한다.
- 나는 성장을 위한 나와의 약속을 지킨다.

오늘 간절히 바라는 한 가지

01/18

- 나는 깊이 감사함을 느끼고 아주 잘 보상 받는다.
- 나는 사랑하고 풍요롭고 조화로운 우주에 산다.
- 나는 유연한 마음을 가진다.

오늘 간절히 바라는 한 가지

12/12

- 나는 무한한 부의 근원을 인정한다.
- 하늘의 무한한 공간처럼 부는 언제나 넘친다.
- 나는 부를 좋은 일에만 사용한다.

오늘 간절히 바라는 한 가지

01/19

- 나는 좋은 습관을 평생 실천한다.
- 나는 물질과 정신의 균형 잡힌 삶을 훈련한다.
- 나는 언제나 기록하고 관찰하고 분석한다.

오늘 간절히 바라는 한 가지

12/11

- 나는 건설적으로 돈을 번다.
- 나는 돈을 사람들에게 가치를 더하는 방법으로 쓴다.
- 나는 돈이 풍부하게 유통되는 것을 기뻐한다.

오늘 간절히 바라는 한 가지

01/20

- 나는 놀라울 만큼 강한 리더십을 발휘한다.
- 나는 지식으로서의 리더십이 아니라 행동하는 리더십을 발휘한다.
- 나는 더 크게 꿈꾸고, 더 크게 생각하고, 더 크게 행동한다.

오늘 간절히 바라는 한 가지

12/10

- 돈은 부의 상징이다.
- 돈은 아주 좋은 것이다.
- 나는 돈을 현명하게 사용한다.

오늘 간절히 바라는 한 가지

01/21

- 나는 새로운 도전에 눈을 돌린다.
- 나는 꿈이 있다.
- 나는 마음만 있으면 이루지 못할 것이 없다.

오늘 간절히 바라는 한 가지

12/09

- 나는 풍요로운 삶을 산다.
- 나는 행복, 성공, 번영이라는 과일을 얻는다.
- 나는 내 앞날이 아름답고, 행복하고, 보다 풍족하고 보다 고귀하다는 걸 안다.

오늘 간절히 바라는 한 가지

01/22

- 나는 성공 사례를 시스템화해서 단 한 사람이라도 더 값진 인생을 살게 한다.

- 나는 먼저 나 자신이 바뀌어서 그 일을 한다.

- 나는 매 순간 기억에 감사한다.

오늘 간절히 바라는 한 가지

12/08

- 나는 편안하게 쉴 수 있는 주거 공간에 감사한다.
- 나는 부에 대해 열린 마음을 가지고 있다.
- 나는 부의 무한한 근원이다.

오늘 간절히 바라는 한 가지

01/23

- 나는 매 순간 깨어있는 삶을 산다.
- 나는 순간을 의식한다.
- 나는 의식 있는 삶을 산다.

오늘 간절히 바라는 한 가지

12/07

- 나는 마음을 닦는 공부를 지속해 감사하다.
- 나는 나눠주고 베풀 줄 아는 사람이다.
- 나는 음식을 나눌 수 있는 넉넉한 사람이다.

오늘 간절히 바라는 한 가지

01/24

- 나는 더 넓게 바라본다.
- 나는 의식의 가장 높은 단계로 올라간다.
- 나는 이미 최고다.

오늘 간절히 바라는 한 가지

12/06

- 나는 함께 바라봐 주는 동반자가 있어 감사하다.

- 나는 살아가는 힘과 용기가 되는 자손이 있음에 감사하다.

- 나는 깊은 인연으로 맺어진 형제자매 친지들에게 감사하다.

오늘 간절히 바라는 한 가지

01/25

- 나는 애쓰지 않는다.
- 나는 모든 집착을 놓아준다.
- 나는 용서하고, 사랑하고, 온화하고, 친절하다.

오늘 간절히 바라는 한 가지

12/05

- 나는 같이 이 세상을 살아가는 주변 이웃들에게 감사한다.

- 나는 진리를 추구해 감사하다.

- 나는 할 수 있다.

오늘 간절히 바라는 한 가지

01/26

- 나는 먼저 사과한다.
- 나는 먼저 용서한다.
- 나는 먼저 감사한다.

오늘 간절히 바라는 한 가지

12/04

- 나는 살아서 숨쉬는 거룩함에 감사한다.
- 나는 말하고 행동하고 생각할 줄 아는 자신에게 감사한다.
- 나는 정성으로 길러주신 부모님께 감사한다.

오늘 간절히 바라는 한 가지

01/27

- 나는 먼저 사랑한다.
- 나는 먼저 행복하다.
- 나는 삶이 나를 사랑한다는 것을 안다.

오늘 간절히 바라는 한 가지

12/03

- 나는 참 나를 의지한다.
- 사람으로 태어나서 이 땅에 살 수 있는 행운에 감사하다.
- 나는 몸과 마음이 건강하다.

오늘 간절히 바라는 한 가지

01/28

- 나는 삶이 나를 믿는다는 것을 안다.
- 나는 변화에 직면할 때 내면을 고요하게 유지할 힘이 있다.
- 나는 평화롭다.

오늘 간절히 바라는 한 가지

12/02

- 나는 대자연의 장엄함을 느낀다.
- 나는 지혜롭고 자비롭다.
- 나는 변함없이 고요하고 원만하다.

오늘 간절히 바라는 한 가지

01/29

- 나는 조화롭다.
- 나는 고요하다.
- 내가 먼저 나를 용서할 때 타인을 용서하는 것이 쉽다.

오늘 간절히 바라는 한 가지

12/01

- 나는 이 세상 누구보다도 나를 사랑한다.
- 나는 광적으로 인정받고자 하는 내 욕구를 놓아준다.
- 나는 욕심과 집착이 없는 자유로운 상태다.

오늘 간절히 바라는 한 가지

01/30

- 나는 우리 가족을 그들의 있는 모습 그대로 사랑한다.

- 나는 우리 가족을 있는 모습 그대로 받아들인다.

- 나는 우리 가족을 지금의 모습 그대로 존중한다.

오늘 간절히 바라는 한 가지

11/30

- 나는 내 세상에 대해 가장 많이 아는 사람이다.
- 나는 나보다 앞선 사람들에게서 배운다.
- 나에게는 시간이 충분히 주어진다.

오늘 간절히 바라는 한 가지

01/31

- 나는 나를 믿는다.

- 나는 지금의 나의 모습을 있는 그대로 정확히 인정한다.

- 나는 나를 사랑한다.

오늘 간절히 바라는 한 가지

11/29

- 나는 명품 인생을 창조하기 위해 이 세상에 왔다.
- 나는 내 인생을 만드는 장인 정신으로 삶을 한 땀 한 땀 바느질한다.
- 나는 그 바느질로 인해서 내 삶을 멋진 작품으로 만든다.

오늘 간절히 바라는 한 가지

02/01

- 내가 완벽하지 않음을 용서한다.
- 나는 내가 알고 있는 한도에서 최선을 다한다.
- 나는 다른 사람들을 변화시킬 수 없다.

오늘 간절히 바라는 한 가지

11/28

- 나는 가치 있는 것에 집중한다.

- 나는 이 세상을 떠날 때 진심으로 행복하게 매 순간을 잘 살았다고 말할 수 있다.

- 나는 진짜 내 인생을 산다.

오늘 간절히 바라는 한 가지

02/02

- 나는 우리 가족을 변화시킬 수 없다.
- 대신 나는 우리 가족을 있는 그대로 받아들인다.
- 나는 단순히 나 자신을 있는 그대로의 나로 받아들인다.

오늘 간절히 바라는 한 가지

11/27

- 나는 고객들이 진정으로 원하는 것을 찾는다.
- 나는 내 인생을 산다.
- 나는 모든 관계에서 배운다.

오늘 간절히 바라는 한 가지

02/03

- 내 과거의 상처를 놓아주는 것은 안전하다.
- 나는 다른 사람들을 책임질 수 없다는 것을 안다.
- 우리는 자신들만의 의식 속에서 살아간다.

오늘 간절히 바라는 한 가지

11/26

- 나는 좋은 사람들과 일한다.
- 나는 여러 사람들과 함께 한다.
- 나는 미래 융합형 인재다.

오늘 간절히 바라는 한 가지

02/04

- 개인들은 모두 영혼의 목적이 있다.
- 나는 삶의 기본 원칙으로 돌아간다.
- 나는 용서, 용기, 감사, 사랑, 유머, 웃음, 미소, 노래 등 삶의 기본 원칙대로 산다.

오늘 간절히 바라는 한 가지

11/25

- 나는 위험을 감수한다.
- 나는 안전 영역에서 나온다.
- 나는 믿기 힘든 일을 해낸다.

오늘 간절히 바라는 한 가지

02/05

- 내 삶에 다가오는 인연들은 나에게 줄 교훈을 가지고 있다.

- 우리가 함께 하는 이유가 있다.

- 우리가 인연으로 맺어진 이유는 목적이 있다.

오늘 간절히 바라는 한 가지

11/24

- 오직 내 마음속에 심는 생각의 씨앗은 긍정이다.
- 나는 내 마음과 몸에 잠식하고 있는 부정성을 태운다.
- 나는 대단히 겸손한 자세를 취한다.

오늘 간절히 바라는 한 가지

02/06

- 나는 과거에 나에게 잘못한 모든 사람들을 용서한다.

- 나는 나의 과거의 사람들을 사랑으로 놓아준다.

- 내 앞에 놓인 모든 변화들은 긍정적인 것이다

오늘 간절히 바라는 한 가지

11/23

- 나는 감사하다.
- 나는 기쁨을 느낀다.
- 나는 강한 감정을 느낀다.

오늘 간절히 바라는 한 가지

02/07

- 나는 안전하다.
- 나는 자신감이 있다.
- 나에게는 멈추지 않는 자신감이 있다.

오늘 간절히 바라는 한 가지

11/22

- 나는 마음을 이용한다.
- 나는 긍정한다.
- 나는 행복하다.

오늘 간절히 바라는 한 가지

02/08

- 나는 용기가 있다.
- 나는 나의 고유한 힘을 발휘한다.
- 나는 내가 얼마나 위대한 존재인지 안다.

오늘 간절히 바라는 한 가지

11/21

- 나는 지금 행복하다.
- 나는 지금 이 순간을 산다.
- 나는 온전히 하루를 연소한다.

오늘 간절히 바라는 한 가지

02/09

- 나는 지혜롭다.
- 나는 아름답다.
- 나는 나를 있는 모습 그대로 사랑한다.

오늘 간절히 바라는 한 가지

11/20

- 나는 나를 인정한다.
- 나는 역사상 가장 큰 행운이다.
- 나는 미래에서 산다.

오늘 간절히 바라는 한 가지

02/10

- 나는 나 자신을 사랑하고, 기뻐하기로 결정한다.
- 나는 내가 가진 힘을 받아들인다.
- 나는 삶을 책임지고 있다.

오늘 간절히 바라는 한 가지

11/19

- 나는 최고와 일한다.
- 나는 전례 없는 기적이다.
- 나는 기적이다.

오늘 간절히 바라는 한 가지

02/11

- 나는 나의 가능성을 충분히 펼치고 있다.
- 나는 내가 원하는 사람이 될 수 있다.
- 나는 멋진 삶을 살고 있다.

오늘 간절히 바라는 한 가지

11/18

- 나의 가치는 최상이다.
- 나는 최고의 것만을 다룬다.
- 나는 최고와 거래한다.

오늘 간절히 바라는 한 가지

02/12

- 나는 삶을 사랑으로 채운다.
- 나의 넘치는 사랑은 나로부터 나온다.
- 내 삶은 내가 지배한다.

오늘 간절히 바라는 한 가지

11/17

- 돈은 에너지다.
- 나도 에너지다.
- 그러므로 나는 돈이다.

오늘 간절히 바라는 한 가지

02/13

- 나는 힘있는 사람이다.
- 나는 사랑받고 존중받는다.
- 나는 누군가에게 복종하지 않는다.

오늘 간절히 바라는 한 가지

11/16

- 나는 돈을 자연스럽게 끌어온다.
- 나는 항상 나가는 돈보다 들어오는 돈이 더 많다.
- 나는 부유해지기로 예정되어 있다.

오늘 간절히 바라는 한 가지

02/14

- 나는 자유롭다.
- 나는 새로운 삶의 방식을 배운다.
- 나는 홀로 있어도 마음의 평화를 유지한다.

오늘 간절히 바라는 한 가지

11/15

- 나는 풍요 파워 하우스다.
- 나는 내가 바라는 돈의 액수와 하나다.
- 나는 돈을 쉽고 애씀 없이 끌어당긴다.

오늘 간절히 바라는 한 가지

02/15

- 나는 어디에 있든 기뻐하고 즐거워한다.
- 나는 나 자신을 사랑하고 즐거워한다.
- 나는 삶으로 인해 충만하다.

오늘 간절히 바라는 한 가지

11/14

- 나는 나 자신을 믿는다.
- 나는 미지의 세계로 들어간다.
- 나는 거절을 즐긴다.

오늘 간절히 바라는 한 가지

07/01

- 나는 내가 꿈꾸었던 것보다 더 많은 돈이 있다.
- 돈을 벌고 받는 것이 나에게 자연스럽다.
- 돈은 나에게 당연한 것이다.

오늘 간절히 바라는 한 가지

06/30

- 나는 풍요롭다.
- 나는 매일 돈이 더 많이 들어온다.
- 나는 매일 더 많은 돈을 저금한다.

오늘 간절히 바라는 한 가지

09/01

- 나는 자동화 수입 시스템의 천재다.
- 나는 돈의 마스터다.
- 돈이 더 많이 생기면 제공할 수 있는 서비스의 질도 높아진다.

오늘 간절히 바라는 한 가지

04/29

- 나는 창조적인 방법을 모두 동원하여 나 자신을 표현하는 게 행복하다.

- 나는 나 자신의 독특한 자아다.

- 나는 특별하다.

오늘 간절히 바라는 한 가지

08/20

- 나는 돈을 좋아하고 돈은 나를 다시 좋아한다.
- 나는 부유함을 느낀다.
- 나는 돈을 좋아한다.

오늘 간절히 바라는 한 가지

05/11

- 나는 나의 잠재의식을 모두 긍정적으로 바꾼다.
- 나는 미래에 대해 밝고 긍정적인 생각을 심는다.
- 나는 모든 것이 행복인 삶을 살고 있다.

오늘 간절히 바라는 한 가지

08/21

- 돈도 나를 좋아한다.
- 매일 돈에 대한 의식이 점점 상승한다.
- 돈에 대한 의식이 높아질수록 돈이 쌓인다.

오늘 간절히 바라는 한 가지

05/10

- 나는 마음이 하라는 대로 잘 따른다.
- 나는 즐겁고 창조적인 삶의 표현이다.
- 나는 아이디어가 쉽게 잘 떠오른다.

오늘 간절히 바라는 한 가지

08/22

- 돈이 강물처럼 흘러들어 온다.
- 나는 돈을 창조한다.
- 나는 기쁨과 자기 사랑을 통해서 풍요를 쌓는다.

오늘 간절히 바라는 한 가지

05/09

- 나는 삶이 신선하다.
- 내 힘의 중심은 마음이다.
- 나는 마음을 사랑으로 축복한다.

오늘 간절히 바라는 한 가지

08/23

- 나는 잠재의식에 돈을 사랑하는 의식을 심는다.
- 돈은 내 인생에 쉽게 흘러들어 온다.
- 나는 수입이 지출을 초과한다.

오늘 간절히 바라는 한 가지

05/08

- 나는 나의 창조성 덕분에 주변에서 인정받는다.
- 내 삶은 결코 정체되어 있지 않다.
- 나는 매일 새로운 순간을 맞이한다.

오늘 간절히 바라는 한 가지

08/24

- 내가 매일 열렬히 감사하기 때문에 필요한 모든 것을 끌어온다.

- 내 감사하는 심장이 원하는 것을 끌어오는 자석이다.

- 나는 매일 자기 전 감사의 감정을 충분히 느낀다.

오늘 간절히 바라는 한 가지

05/07

- 내가 하는 모든 일에서 성취감을 느낀다.
- 내 재능은 충분하다.
- 나는 창조적이라는 독특한 선물을 받았다.

오늘 간절히 바라는 한 가지

04/30

- 나는 창조적이다.
- 나는 내가 멋지다고 생각한다.
- 나는 나에게 기쁨을 주는 창의적인 일을 한다.

오늘 간절히 바라는 한 가지

08/31

- 나는 내가 원하는 만큼 성공할 수 있다.

- 나는 항상 풍요로움을 창조할 수 있도록 무한지성의 안내를 받는다.

- 내가 돈을 더 많이 얻을수록 더 많은 기회가 찾아온다.

오늘 간절히 바라는 한 가지

- 나는 창조적인 재능을 끌어낸다.
- 나는 음악을 좋아한다.
- 나는 뭐든지 잘 그린다.

오늘 간절히 바라는 한 가지

08/30

- 돈은 에너지다.
- 나는 돈의 에너지로 둘러싸여 있다.
- 내 생각은 항상 풍요와 부유함의 주파수에 고정되어 있다.

오늘 간절히 바라는 한 가지

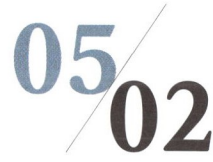

- 나는 춤을 잘 춘다.
- 나는 글쓰기를 잘한다.
- 내 생각이 내 경험을 창조한다.

오늘 간절히 바라는 한 가지

08/29

- 나의 풍요의 공급원도 차고 넘친다.

- 재물에 대해서 더 많이 긍정적으로 주의를 기울이면, 더 많은 재물을 모은다.

- 나는 반드시 성공한다.

오늘 간절히 바라는 한 가지

05/03

- 나는 생각을 명확하게 한다.
- 나는 나 자신을 쉽게 잘 표현한다.
- 나는 매일 더 나아지고 있다.

오늘 간절히 바라는 한 가지

08/28

- 돈과 풍요는 내가 받아들이기로 결정한 존재의 상태다.

- 나는 풍요로워지기로 예정되어 있다.

- 나는 부자가 될 운명에 있다.

오늘 간절히 바라는 한 가지

08/25

- 돈을 끌어당기는 것은 쉽다.
- 나는 돈에 대해 긍정적인 마음을 갖는다.
- 내가 어딜 가든 풍요가 날 따라온다.

오늘 간절히 바라는 한 가지

05/06

- 나의 창조적 샘물이 터져 나온다.
- 나는 나의 창의성에 기뻐한다.
- 나는 안전하다.

오늘 간절히 바라는 한 가지

08/26

- 부는 좋은 것이다.
- 부는 놀랍고 경이롭다.
- 돈이 모인다는 것은 서비스와 아이디어를 적용해 행동했단 뜻이다.

오늘 간절히 바라는 한 가지

- 나는 내 직업에서 기쁨을 느낀다.
- 나의 잠재 가능성은 무한하다.
- 나는 나의 타고난 창조력에 놀란다.

오늘 간절히 바라는 한 가지

08/27

- 돈은 나의 좋은 친구다.
- 돈과 나는 아주 가까운 친한 사이다.
- 돈과 풍요와 번영과 부유함은 내 것이다.

오늘 간절히 바라는 한 가지

05/04

- 나는 매일 창조적이 되어 간다.
- 나는 매일 더 창조적이기 위해 배우는 중이다.
- 내 직업은 나로 하여금 나의 재능과 능력을 표현하게 해 준다.

오늘 간절히 바라는 한 가지

02/16

- 나는 인생의 모든 걸 탐구할 것이다.
- 나는 내가 온전해지는 과정을 사랑한다.
- 나는 지금 이 순간 여기에서 생동감 있는 삶을 산다.

오늘 간절히 바라는 한 가지

11/13

- 나는 내 안과 주변의 힘을 자각한다.
- 나는 감정과 나를 동일시하는 것에서 빠져나온다.
- 나는 나를 믿는다.

오늘 간절히 바라는 한 가지

02/17

- 나의 삶은 사랑으로 채워져 있다.
- 나는 혼자만의 시간이 주는 선물을 받아들인다.
- 내가 필요한 것에 나 자신을 헌신한다.

오늘 간절히 바라는 한 가지

11/12

- 나는 뭐든지 할 수 있다.
- 나는 타고난 천재다.
- 우리는 모두 천재로 태어났다.

오늘 간절히 바라는 한 가지

02/18

- 성장하는 것은 안전한 일이다.
- 나는 안전하며, 내 인생의 모든 일이 잘된다.
- 내 삶의 모든 것이 다 잘되고 있다.

오늘 간절히 바라는 한 가지

11/11

- 나는 면역체계가 더 강해진다.
- 나는 100조 개의 나의 세포를 자연 치유한다.
- 나는 매일 더 용기 있게 살아간다.

오늘 간절히 바라는 한 가지

02/19

- 나는 항상 안전하다.
- 나는 신성한 보호를 받고 있다.
- 내게 필요한 모든 지식이 나에게로 온다.

오늘 간절히 바라는 한 가지

11/10

- 나는 인식한다.
- 나는 존재한다.
- 나는 매일 더 온전하다고 느낀다.

오늘 간절히 바라는 한 가지

딱 **1년만**
성공과 행복, 풍요를 부르는 말투로 바꿔 보자

✨ 당신의 입에서
✦ 모든 기적이 시작된다!

성공 변화 전문가들에게 검증된
긍정 확언을 눈에 띄는 곳에 두고
하루 한 장씩, 매일 세 개씩
큰 소리로 따라해보자.

반드시 모든 것이 잘 될 것이다.

ISBN 979-11-977597-9-6 값 15,000원

07/02

- 나는 재정적으로 풍요롭기로 되어 있는 사람이다.
- 나는 풍요가 내가 태어난 이유다.
- 나는 풍요롭기 위해서 이 세상에 왔다.

오늘 간절히 바라는 한 가지

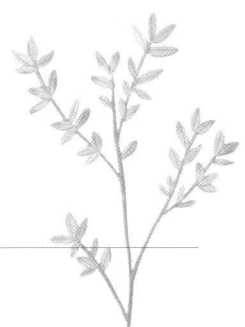

06/29

- 나는 돈이 주는 에너지를 사랑한다.
- 나는 부자다.
- 나는 번성한다.

오늘 간절히 바라는 한 가지

07/03

- 나는 항상 내 진동을 풍요에 접속한다.
- 나의 큰 진동이 항상 큰 거대한 부에 속해있다.
- 나는 풍요롭고 거대한 부의 능력을 가지고 있다.

오늘 간절히 바라는 한 가지

06/28

- 나는 부유하게 되어 있다.
- 내게 필요한 돈이 나에게로 지금 흘러들어 온다.
- 내가 무엇을 하든 나는 돈을 더 많이 끌어당긴다.

오늘 간절히 바라는 한 가지

07/04

- 나는 나의 부자 마인드를 믿는다.
- 나는 항상 돈의 에너지에 접속되어 있다.
- 나는 풍요로움을 지향한다.

오늘 간절히 바라는 한 가지

06/27

- 내가 하는 일을 사랑할 때 돈은 나에게 자유롭게 들어온다.
- 나는 돈을 만들기 위한 기회를 끌어당긴다.
- 나는 부자가 되기 위해 태어났다.

오늘 간절히 바라는 한 가지

07/05

- 나는 항상 내 정신 은행에 풍요를 저금한다.
- 나는 모든 종류의 풍요로움을 끌어당긴다.
- 나는 부를 받을 가치가 있는 사람이다.

오늘 간절히 바라는 한 가지

07/06

- 나는 돈을 끌어당기는 초강력 자석이다.
- 나는 항상 돈을 받는 데 열려 있다.
- 나는 우주가 주는 무한한 공급원에 열려있다.

오늘 간절히 바라는 한 가지

06/25

- 돈은 나에게 쉽게 어려움 없이 온다.
- 나는 돈을 자연스럽게 끌어당긴다.
- 계속 부의 물줄기가 나에게 다가온다.

오늘 간절히 바라는 한 가지

07/07

- 나에게 돈은 항상 주변에 가득하다.
- 내가 돈을 쓰면 그 돈은 몇 배로 불어나 다시 나에게로 온다.
- 나는 부유한 사람이다.

오늘 간절히 바라는 한 가지

06/26

- 돈은 예상한 곳에서 오기도 하고 예상치 못한 곳에서도 들어온다.

- 내가 어딜 가든지 나는 돈을 끌어온다.

- 나는 항상 돈이 나가는 것보다 들어오는 것이 더 많다.

오늘 간절히 바라는 한 가지

06/24

- 나는 모든 종류의 풍요를 끌어당긴다.
- 나는 내가 벌기를 바라는 돈을 번다.
- 나는 내 은행의 잔고를 항상 가득 채운다.

오늘 간절히 바라는 한 가지

07/08

- 풍요와 번영에 대한 이야기를 할 때 언제나 나는 무한 근원에 연결된다.

- 나에게 돈은 항상 쉽게 자주 온다.

- 나는 은행에 항상 돈이 많다.

오늘 간절히 바라는 한 가지

06/23

- 나는 돈의 에너지가 나에게 오도록 한다.
- 나는 풍요의 집이다.
- 나는 돈이 내 친구가 되게 한다.

오늘 간절히 바라는 한 가지

07/09

- 돈은 아주 좋은 것이다.
- 나는 가만히 있어도 돈이 들어온다.
- 나는 돈의 마스터다.

오늘 간절히 바라는 한 가지

06/22

- 나는 모든 곳에서 풍요로움을 느낀다.
- 나는 부와 번영의 아이콘이다.
- 나는 풍요 자석이다.

오늘 간절히 바라는 한 가지

07/10

- 나는 재물의 마스터다.
- 나는 돈을 현명하게 잘 사용한다.
- 나는 돈 관리를 잘한다.

오늘 간절히 바라는 한 가지

06/21

- 나는 매일 목표 설정에 진지하게 임한다.
- 나는 매일 목표를 종이에 쓴다.
- 나는 즐겁게 주고 풍요롭게 받는다.

오늘 간절히 바라는 한 가지

07/11

- 나는 항상 충분한 것보다 더 많은 돈이 있다.
- 나는 재수가 아주 좋다.
- 나는 운이 좋다.

오늘 간절히 바라는 한 가지

06/20

- 나는 행복 부자다.
- 나는 사람 부자다.
- 나는 평화 부자다.

오늘 간절히 바라는 한 가지

07/12

- 나는 몸과 마음과 영혼의 부자다.
- 나는 항상 돈의 무한 공급에 연결되어 있다.
- 나는 돈이 무한히 공급된다.

오늘 간절히 바라는 한 가지

06/19

- 내 삶은 사랑으로 가득 채워져 있다.
- 나는 잠재의식의 성공자다.
- 나는 건강 부자다.

오늘 간절히 바라는 한 가지

07/13

- 나는 모든 종류의 풍요로움을 끌어온다.
- 나는 돈이 나에게 끊임없이 쏟아진다.
- 돈은 나에게 자연스러운 진동이다.

오늘 간절히 바라는 한 가지

06/18

- 나는 영감 넘치고 힘 넘치고 단련되어 있다.
- 나는 내 몸을 잘 돌보고 있다.
- 나는 사랑의 빛을 내뿜는다.

오늘 간절히 바라는 한 가지

07/14

- 번영하는 것이 나의 자연스러운 존재의 진동이다.
- 나의 진짜 자아는 풍성함이다.
- 나는 내가 이 많은 돈으로 뭘 해야 좋을지 고민할 정도로 많은 돈이 있다.

오늘 간절히 바라는 한 가지

06/17

- 나는 내 앞의 모든 길이 최상의 선임을 안다.
- 나는 좋은 사람으로 살아간다.
- 나는 내 능력이 무한대라는 것을 안다.

오늘 간절히 바라는 한 가지

07/15

- 나는 내가 관리할 수 있는 것보다 더 많은 돈이 있다.

- 나는 돈과 풍요와 번성과 번영과 풍성함을 떠올리려고 할 때 항상 무한에 접속한다.

- 나는 숨을 쉴 때마다 돈을 번다.

오늘 간절히 바라는 한 가지

06/16

- 나는 내 안의 위대한 존재를 믿는다.
- 나는 생각보다 강하다.
- 나는 내 몸을 사랑하고 건강한 내 몸에 감사한다.

오늘 간절히 바라는 한 가지

07/16

- 내 삶은 최상의 선을 위해 풍요로움의 증거가 된다.
- 사람들은 나에게 돈을 많이 번 비법을 물어 온다.
- 나는 그때 이 확언이 그렇게 많이 벌게 해 준 비법이라고 가르쳐 준다.

오늘 간절히 바라는 한 가지

06/15

- 나의 목표는 타인의 삶에 가치를 더하는 것이다.
- 나는 내 삶에서 바람직한 목표를 성취한다.
- 나는 내가 될 수 있고, 할 수 있고, 가질 수 있는 것보다 훨씬 크다.

오늘 간절히 바라는 한 가지

07/17

- 준비가 되면 스승이 나타난다.
- 나는 초강력 자석으로 성공한다.
- 나는 성공하기 위해 태어났다.

오늘 간절히 바라는 한 가지

06/14

- 나는 가치 있다.
- 나는 타인의 삶에 가치를 더한다.
- 나는 목표 설정을 잘한다.

오늘 간절히 바라는 한 가지

07/18

- 나는 성공 기계다.
- 나는 항상 돈을 버는 아이디어가 계속 나온다.
- 나는 내 이름의 별칭을 풍요라고 정한다.

오늘 간절히 바라는 한 가지

06/13

- 나는 큰일을 성취하기 위해 태어났다.
- 나는 몰입해서 일한다.
- 나는 집중한다.

오늘 간절히 바라는 한 가지

07/19

- 나는 풍요로움에 관해서는 운이 정말 좋다.
- 나는 돈을 사랑한다.
- 나는 돈을 연인처럼 대한다.

오늘 간절히 바라는 한 가지

06/12

- 나는 매일 우선순위대로 산다.
- 나는 일어나서 중요한 일을 가장 먼저 한다.
- 나는 아침에 하기 싫은 일을 가장 먼저 한다.

오늘 간절히 바라는 한 가지

07/20

- 나는 행운아다.
- 나는 돈에 관해서 축복받았다.
- 나는 돈이 좋다고 생각한다.

오늘 간절히 바라는 한 가지

06/11

- 진정한 성공이란 걱정하지 않는 것이다.
- 진정한 성공이란 내가 있음으로 인해 한 명이라도 행복해지는 것이다.
- 나는 매일 우선순위를 정한다.

오늘 간절히 바라는 한 가지

07/21

- 돈은 내 친구다.
- 돈에 대한 부정적인 생각은 차단한다.
- 나는 내가 가는 모든 곳마다 풍요와 재물과 번성함을 끌어당긴다.

오늘 간절히 바라는 한 가지

06/10

- 진정한 성공이란 매 순간 감사하는 것이다.
- 진정한 성공이란 매 순간 행복하게 모든 일을 하는 것이다.
- 진정한 성공이란 과거의 일을 그만 떠올리는 것이다.

오늘 간절히 바라는 한 가지

07/22

- 나에게 돈은 원래 들어오기로 한 곳에서도 오고 뜻밖의 놀라운 곳에서도 온다.

- 나는 항상 풍요로운 삶에 대해 명상한다.

- 내 수입은 계속해서 증가한다.

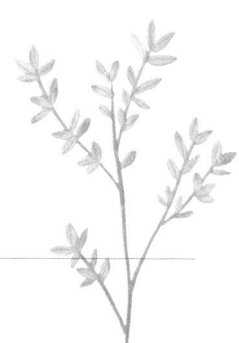

오늘 간절히 바라는 한 가지

06/09

- 진정한 성공이란 나의 일을 사랑하는 것이다.
- 진정한 성공이란 나의 목표대로 사는 것이다.
- 진정한 성공이란 매 순간을 충실히 사는 것이다.

오늘 간절히 바라는 한 가지

07/23

- 나는 매일 더 많은 돈을 벌고 받는다.
- 돈과 재물은 나에게 있어서 존재의 자연스러운 형태다.
- 나는 돈이 나에게 달라붙게 한다.

오늘 간절히 바라는 한 가지

06/08

- 내가 어떤 사람이 되는가는 지금 무엇을 하고 있는가보다 중요하다.

- 나는 내가 생각하는 것보다 훨씬 더 뛰어난 사람이다.

- 진정한 성공이란 가족을 사랑하는 것이다.

오늘 간절히 바라는 한 가지

07/24

- 나는 돈에 끌린다.
- 나는 돈이 호스처럼 나에게 뿌려진다고 상상한다.
- 나는 신이 나에게 주는 엄청난 부를 받아들인다.

오늘 간절히 바라는 한 가지

06/07

- 나는 진정한 내가 된다.
- 나는 완벽해지고 싶은 욕구를 내려놓는다.
- 먼저 시작하고 완벽해져라.

오늘 간절히 바라는 한 가지

07/25

- 나는 신의 큰 풍요와 접속된다.
- 신은 언제나 나에게 큰 풍요를 주기 위해 기다린다.
- 나는 내가 꿈꿨던 것보다 훨씬 더 큰 부를 만든다.

오늘 간절히 바라는 한 가지

- 먼저 많이 내어 준다.
- 친절이 행운을 불러오는 열쇠이다.
- 친절은 상대방에 대한 사랑이다.

오늘 간절히 바라는 한 가지

07/26

- 나는 항상 내가 쓰고 나누고 기부할 정도보다 더 큰 부를 벌어들인다.

- 나는 자동적이고 고정적으로 들어오는 수입원이 많다.

- 나는 재정적으로 독립한다.

오늘 간절히 바라는 한 가지

06/05

- 일상에 행복을 느끼는 사람은 경제적으로 풍족해진다.

- 부를 얻어 행복한 게 아니라, 행복하기 때문에 부를 얻는다.

- 타인에게 친절은 베풀면 된다.

오늘 간절히 바라는 한 가지

07/27

- 나는 재정적으로 안전하다.
- 나는 부자가 되기로 예정되어 있다.
- 나는 부유하기로 되어 있다.

오늘 간절히 바라는 한 가지

06/04

- 행복은 행복을 부른다.
- 긍정적인 심리는 '돈'까지 불러온다.
- 일상에 감사하는 사람은 풍요로워진다.

오늘 간절히 바라는 한 가지

07/28

- 나는 우주가 주는 모든 좋은 것들과 풍요에 마음을 연다.

- 나는 무한한 수입원을 환영한다.

- 나는 무한 재물의 근원을 좋아한다.

오늘 간절히 바라는 한 가지

06/03

- 나는 이 상황이 주는 교훈만 새긴다.
- 나는 안전하다.
- 친절은 친절을 끌어온다.

오늘 간절히 바라는 한 가지

07/29

- 나는 풍요 에너지에 접속되어 있다.
- 나는 계속해서 돈을 창조하는 기회를 끌어당긴다.
- 나는 항상 내가 필요로 하는 것보다 더 많은 돈이 있다.

오늘 간절히 바라는 한 가지

06/02

- 모든 게 잘 된다.
- 나는 행복할 자격이 있다.
- 나는 행복한 부자가 될 가치가 있다.

오늘 간절히 바라는 한 가지

07/30

- 나는 우주를 나의 풍요 우군으로 설정한다.
- 우주는 항상 나에게 무한한 풍요로움을 제공하는 공급원이다.
- 나는 돈에 관해서 위대하다.

오늘 간절히 바라는 한 가지

06/01

- 나는 혼자만의 시간을 즐긴다.

- 나는 혼자가 주는 고요함의 선물을 기뻐하며 받는다.

- 나는 매 순간 행복하다.

오늘 간절히 바라는 한 가지

07/31

- 나는 내가 사랑하는 일을 하면서 큰돈을 번다.
- 나는 돈이 내 인생에서 긍정적인 영향을 끼치는 것을 안다.
- 나는 언제나 풍요와 하나다.

오늘 간절히 바라는 한 가지

05/31

- 나는 깨달음이다.
- 나는 행복이다.
- 나는 고요하다.

오늘 간절히 바라는 한 가지

08/01

- 나는 어마어마한 풍요를 기대한다.
- 내가 해야 할 한 가지는 우주에 풍요를 요청하는 것이고 그것을 허락하는 것이다.
- 나는 항상 돈이 나에게 와서 더 크게 복리로 늘어나는 것을 허락한다.

오늘 간절히 바라는 한 가지

05/30

- 나는 연민이다.
- 나는 행복이다.
- 나는 친절이다.

오늘 간절히 바라는 한 가지

08/02

- 나는 항상 편안하게 살고 기쁨으로 하루를 보낸다.
- 나는 어디를 가든지 돈을 끌어당긴다.
- 나는 삶이 나에게 제공해야 하는 기쁨과 풍요로움을 받아들인다.

오늘 간절히 바라는 한 가지

05/29

- 나는 사랑이다.
- 나는 평화다.
- 나는 성공이다.

오늘 간절히 바라는 한 가지

08/03

- 내가 필요한 돈이 지금 나에게 흘러들어 오고 있다.

- 나는 돈을 더 많이 벌면 벌수록 더 많은 돈을 내놓는다.

- 돈은 항상 자유롭게 순환한다.

오늘 간절히 바라는 한 가지

05/28

- 나는 더 많이 누려도 된다.
- 왜냐하면 나는 가치 있는 사람이기 때문이다.
- 부자가 되는 것이 내가 태어난 권리다.

오늘 간절히 바라는 한 가지

08/04

- 내 삶은 항상 쓰고도 남을 정도로 풍요롭다.
- 나는 투자에 자유롭다.
- 나는 돈에 대해서 어떤 안 좋은 에너지도 없다.

오늘 간절히 바라는 한 가지

05/27

- 나는 내 안의 무한한 가능성을 확신한다.
- 나는 가치 있는 사람이다.
- 나는 더 많이 얻어도 된다.

오늘 간절히 바라는 한 가지

08/05

- 나는 돈을 대할 때 편안하다.
- 나는 항상 돈이 내 인생에서 아주 잘 순환하게 한다.
- 나는 경계가 없는 무경계의 부유한 삶을 산다.

오늘 간절히 바라는 한 가지

05/26

- 나는 내가 믿는 바대로 이룬다.
- 나는 확신한다.
- 나는 완전히 나를 믿는다.

오늘 간절히 바라는 한 가지

08/06

- 나는 항상 풍요로움의 자연스러운 속성에 접속되어 있다.

- 재물은 항상 내 안에 있다. 재화가 내 안에 흘러넘친다.

- 매일 모든 면에서 나는 점점 더 많은 재물을 생성한다.

오늘 간절히 바라는 한 가지

05/25

- 나는 나의 내면에서 감지되는 기쁨에 감사한다.
- 나는 내가 하는 일과 놀이가 즐겁다.
- 나는 오늘 하루 내가 받은 선물에 감사한다.

오늘 간절히 바라는 한 가지

08/07

- 나는 부자가 되기로 이미 태어나기 전부터 예정되었다.
- 나는 반드시 부자가 된다.
- 그것도 아주 큰 부자가 된다.

오늘 간절히 바라는 한 가지

05/24

- 나는 확신을 담아 이야기한다.
- 나는 진정에서 우러나오는 메시지를 전한다.
- 나는 사람들의 가슴을 따뜻하게 하는 사람이다.

오늘 간절히 바라는 한 가지

08/08

- 내가 숨을 들이쉬고 내쉴 때마다 나는 점점 더 부유해진다.

- 돈은 항상 내 주변에 있다.

- 돈은 나에게 깃털이 달라붙는 것처럼 항상 내 주위에 있다.

오늘 간절히 바라는 한 가지

05/23

- 나는 돈을 자석같이 끌어당기는 초강력 자석이다.
- 나는 좋은 말로 마음을 상대에게 전달한다.
- 나는 가슴에서 불타는 열정이 있다.

오늘 간절히 바라는 한 가지

08/09

- 재물에 대한 아이디어가 계속 나온다.
- 돈은 항상 나에게 들어온다.
- 돈과 사랑은 에너지다.

오늘 간절히 바라는 한 가지

05/22

- 나는 말로 죄를 짓지 않는다.

- 나는 어떤 것도 내 문제로 여기지 않는다.

- 나는 추측하지 않는다.

오늘 간절히 바라는 한 가지

08/10

- 돈은 좋은 에너지다.
- 나는 돈을 존중한다.
- 돈은 도움이 되는 에너지다.

오늘 간절히 바라는 한 가지

05/21

- 나는 나의 감정을 온전하게 느끼고 나에게 온화해진다.

- 나는 나 자신이 완벽하지 않음을 용서한다.

- 나는 내가 알고 있는 선에서 지금 최선을 다해 산다.

오늘 간절히 바라는 한 가지

08/11

- 나는 돈의 에너지를 사랑한다.
- 나는 돈이 주는 자유를 사랑한다.
- 나는 무한하고 거대한 돈의 흐름과 하나다.

오늘 간절히 바라는 한 가지

05/20

- 나는 행복을 만끽한다.
- 나는 내 직관을 믿는다.
- 나는 항상 내 안에 있는 고요하고 작은 목소리를 듣는다.

오늘 간절히 바라는 한 가지

08/12

- 나는 거대한 돈과 하나다.
- 나는 성공과 좋은 운의 자석이다.
- 나는 성공을 끌어당기는 자석이다.

오늘 간절히 바라는 한 가지

05/19

- 나는 긍정적인 모험을 한다.
- 나는 가슴 뛰는 삶을 산다.
- 나는 평화를 만끽한다.

오늘 간절히 바라는 한 가지

08/13

- 나는 운을 끌어당기는 자석이다.
- 나는 풍요의 우주에 산다.
- 내 지갑은 항상 돈으로 흘러넘친다.

오늘 간절히 바라는 한 가지

05/18

- 나는 원하는 것이 무엇이든 다 이룬다.
- 두려움을 이기는 가장 빠른 방법은 지금 당장 시작하는 것이다.
- 나는 긍정적인 도전을 한다.

오늘 간절히 바라는 한 가지

08/14

- 나는 새로운 수입원에 마음을 열고 받아들인다.

- 나는 항상 우주 은행을 나의 무한한 공급처로 인식한다.

- 나는 언제나 내가 필요로 하는 것보다 더 많은 돈을 가지고 있다.

오늘 간절히 바라는 한 가지

05/17

- 나는 기꺼이 즐겁게 축하한다.
- 나에게는 상상의 날개가 있다.
- 나는 진짜 행복한 사람이다.

오늘 간절히 바라는 한 가지

08/15

- 나는 돈이 나에게 더 풍족하게 들어오도록 허용한다.

- 나는 돈을 쉽게 끌어당긴다.

- 내 욕구와 필요는 언제나 채워진다.

오늘 간절히 바라는 한 가지

05/16

- 나는 좋은 일이 폭포처럼 쏟아져 감사하다.

- 내 주변의 모든 사람들에게 좋은 일이 눈사태처럼 일어난다.

- 나는 타인의 성공을 마치 내가 이룬 듯이 기뻐한다.

오늘 간절히 바라는 한 가지

08/16

- 나는 우리 모두를 위해 무한한 풍요가 있다는 것을 믿는다.

- 매일 일어나는 자연 현상을 보면 이미 모든 게 완벽한 것을 안다.

- 항상 나에게 풍족한 돈이 있다.

오늘 간절히 바라는 한 가지

05/15

- 나는 모든 종류의 풍요로움을 끌어당긴다.
- 나는 운이 끝내주게 좋은 행복한 사람이다.
- 나는 행운과 좋은 일이 내 삶에 가득하게 한다.

오늘 간절히 바라는 한 가지

08/17

- 나는 돈을 의미 있고 가치 있는 곳에 쓴다.
- 나는 나 자신을 최고의 인생을 살도록 허락한다.
- 나는 항상 쓸 돈이 많이 있다.

오늘 간절히 바라는 한 가지

05/14

- 나는 항상 행복하다.
- 나는 절대적으로 행복하다.
- 나는 안전하다.

오늘 간절히 바라는 한 가지

08/18

- 내가 손대는 곳은 모두 다 금으로 바뀐다.
- 나는 부의 아이콘이다.
- 나는 내가 요구한 것보다 더 큰 부를 쌓는다.

오늘 간절히 바라는 한 가지

05/13

- 이 상황에서 좋은 것만이 주어진다.
- 나의 인생은 밝고 긍정적인 이야기들로 가득하다.
- 나는 지금 행복하다.

오늘 간절히 바라는 한 가지

08/19

- 나는 매일 돈을 버는 아이디어들이 계속 넘친다.
- 나는 항상 뜻밖의 놀라운 풍요를 주는 메일을 받는다.
- 나는 지금 여기에서 다양한 수입원을 받고 있다.

오늘 간절히 바라는 한 가지

05/12

- 모든 것이 좋다.
- 모든 것이 잘되고 있다.
- 모든 것은 나의 최상의 선을 위해 작동하고 있다.

오늘 간절히 바라는 한 가지

02/20

- 나는 필요로 하는 모든 것들을 가장 완벽한 시간과 공간에서 오게 한다.

- 내 인생은 사랑과 기쁨으로 가득차 있다.

- 나는 사랑이 넘치며, 그 사랑을 받고 있다.

오늘 간절히 바라는 한 가지

11/09

- 동시성이 늘 일어난다.
- 나에게는 좋은 동시성이 나타난다.
- 나는 동시성의 뜻을 알아차린다.

오늘 간절히 바라는 한 가지

02/21

- 나는 활기차며 건강하다.
- 나는 어딜 가든지 항상 잘된다.
- 나는 끊임없이 변화하고 성장한다.

오늘 간절히 바라는 한 가지

11/08

- 나는 필요한 것을 모두 다 가진다.
- 내가 필요한 것은 요구하기도 전에 이루어진다.
- 나는 매일 몸이 젊어진다.

오늘 간절히 바라는 한 가지

02/22

- 나의 현재 모습은 과거에 했던 생각의 결과다.
- 나는 지금 내 미래를 창조한다.
- 나는 나를 믿는다.

오늘 간절히 바라는 한 가지

11/07

- 나는 점점 더 풍요로워진다.
- 나는 점점 더 필요한 것을 다 얻는다.
- 나는 점차적으로 더 크게 성공한다.

오늘 간절히 바라는 한 가지

02/23

- 나는 나를 창조한다.
- 나는 나에 대해 좋게 느끼기로 결정한다.
- 나는 되도록 좋은 생각을 한다.

오늘 간절히 바라는 한 가지

11/06

- 나는 점점 더 사랑하게 된다.
- 나는 점점 더 깊은 사랑을 느낀다.
- 나는 무조건적인 사랑을 실천한다.

오늘 간절히 바라는 한 가지

02/24

- 나는 과거의 내가 아니다.
- 나는 원하는 것에 의도적으로 집중하고 좋은 감정을 발산한다.
- 나는 내 운명의 설계자다.

오늘 간절히 바라는 한 가지

11/05

- 나는 새로운 차원의 문을 연다.
- 나는 점점 더 건강해진다.
- 나는 점점 더 행복해진다.

오늘 간절히 바라는 한 가지

02/25

- 나는 내 운명의 저자이며 주인공이다.
- 나는 내 인생 영화의 감독이다.
- 나는 오직 원하는 일에 집중한다.

오늘 간절히 바라는 한 가지

11/04

- 나는 몸매가 멋지다.
- 나는 활동적이다.
- 나는 큰물에서 헤엄친다.

오늘 간절히 바라는 한 가지

02/26

- 나는 좋은 것을 받고 있다.
- 나는 모든 좋은 것이 나에게 오도록 허용한다.
- 나는 행복하다.

오늘 간절히 바라는 한 가지

11/03

- 나는 동시성의 인연들을 많이 만난다.
- 나는 옷을 마음껏 살 수 있다.
- 나는 내 몸에 맞는 편안한 옷을 입는다.

오늘 간절히 바라는 한 가지

02/27

- 나는 풍요롭다.
- 나는 건강하다.
- 나는 사랑이다.

오늘 간절히 바라는 한 가지

11/02

- 나는 자존감이 높다.
- 나는 가벼워진 몸을 가지고 있다.
- 나는 사람들과의 관계가 확장되고 있다.

오늘 간절히 바라는 한 가지

02/28

- 나는 늘 시간을 잘 맞춘다.
- 나는 늘 젊다.
- 나는 매일 에너지가 넘친다.

오늘 간절히 바라는 한 가지

11/01

- 나는 건강한 몸매를 가지고 있다.
- 나는 절제를 잘한다.
- 나는 내 몸을 스스로 통제할 수 있다.

오늘 간절히 바라는 한 가지

02/29

- 나는 온전하고 완벽하고 튼튼하고 강하고 정다울 뿐 아니라 조화롭고 행복하다.

- 나는 무한한 존재다.

- 나는 내 생각을 인식한다.

오늘 간절히 바라는 한 가지

10/31

- 나는 소중한 내 몸을 아끼고 사랑한다.
- 나는 엄청나다.
- 나는 체중을 적절히 유지한다.

오늘 간절히 바라는 한 가지

03/01

- 나는 지금 내가 무슨 생각을 하고 있는지 질문한다.
- 나는 현재를 의식한다.
- 나는 대단하다.

오늘 간절히 바라는 한 가지

10/30

- 나는 최고의 사람들에게 코칭 받는다.
- 나는 최고가 되기 위해 태어났다.
- 그러므로 내 주변에는 최고만 있다.

오늘 간절히 바라는 한 가지

03/02

- 나는 훌륭하다.
- 나는 바르게 생각한다.
- 나는 세상보다 큰 힘이다.

오늘 간절히 바라는 한 가지

10/29

- 나는 운이 좋은 사람이기에 세상에 존재하는 모든 좋은 운이 나에게 온다.

- 나는 최고의 선택을 한다.

- 나는 최고의 사람들을 만난다.

오늘 간절히 바라는 한 가지

03/03

- 나는 내가 생각하는 것보다 훨씬 더 강하다.
- 나는 내가 사랑하는 일을 한다.
- 나는 내가 하는 일을 사랑한다.

오늘 간절히 바라는 한 가지

10/28

- 아침에 일어나서 숨을 쉬는 것을 성공으로 잡는다.
- 그러므로 나는 매 순간 성공한다.
- 나는 지금 나에게로 큰 운이 다가오고 있음을 느낀다.

오늘 간절히 바라는 한 가지

03/04

- 나는 몰입해서 일한다.
- 나는 지금 바로 나 자신의 웅대함을 받아들인다.
- 나의 세상에서는 모든 것이 좋다.

오늘 간절히 바라는 한 가지

10/27

- 된다, 된다, 나는 진짜 잘된다.
- 나는 평화, 조화, 웃음, 사랑의 운을 끌어당긴다.
- 나는 이미 성공했다.

오늘 간절히 바라는 한 가지

03/05

- 나는 편안하다.
- 나는 여유롭다.
- 나는 긍정적이다.

오늘 간절히 바라는 한 가지

10/26

- 나는 지금 막 좋은 일이 생기기 시작했다.
- 나는 정말 재수가 좋은 사람이다.
- 나는 뭐든지 다 잘된다.

오늘 간절히 바라는 한 가지

03/06

- 나는 완전히 건강하다.
- 나는 지금 행복하다.
- 나는 나를 사랑한다.

오늘 간절히 바라는 한 가지

10/25

- 나는 매일 모든 면에서 운이 점점 더 좋아진다.
- 나는 정말 운이 좋다.
- 나는 대운이 내 삶을 지배하고 더 큰 운이 들어온다.

오늘 간절히 바라는 한 가지

03/07

- 나는 내가 참 좋다.
- 나는 나를 아낀다.
- 나는 나의 모든 것을 아낀다.

오늘 간절히 바라는 한 가지

10/24

- 나와 주변 사람들은 운이 매우 좋다.
- 나는 운이 좋은 사람이다.
- 나는 대운이 들어오는 사람이다.

오늘 간절히 바라는 한 가지

03/08

- 나는 나의 모든 면을 받아들인다.
- 나는 항상 긍정적이다.
- 나는 항상 낙천적이다.

오늘 간절히 바라는 한 가지

10/23

- 내 팀은 언제나 밝고 즐겁고 성공적이다.
- 우리 팀은 항상 팀워크가 좋고 행복하다.
- 나와 주위 사람들은 항상 웃고 미소 짓는다.

오늘 간절히 바라는 한 가지

03/09

- 나는 항상 좋은 면을 본다.
- 나는 항상 밝은 면을 본다.
- 나는 모든 면에서 긍정적인 사람이 되어 간다.

오늘 간절히 바라는 한 가지

10/22

- 나는 시간이 나를 대신해서 일한다.
- 나는 자동화 수입이 여러 군데에서 들어와 감사하다.
- 나는 마스터 마인드의 사람들과 일한다.

오늘 간절히 바라는 한 가지

03/10

- 나는 매일 모든 면에서 긍정적인 사람이 된다.
- 나는 매일 모든 면에서 점점 더 나아지고 있다.
- 나는 매일 모든 면에서 점점 더 건강해지고 있다.

오늘 간절히 바라는 한 가지

10/21

- 나는 목표를 실천하는 능력이 뛰어나다.
- 나는 매력이 넘치고 늘 밝고 즐겁다.
- 나는 돈이 나를 대신해서 일한다.

오늘 간절히 바라는 한 가지

03/11

- 나는 매일 모든 면에서 모든 상황이 다 좋아지고 있다.
- 나는 모든 것을 있는 그대로 받아들인다.
- 나는 내 몸의 모든 부분을 받아들인다.

오늘 간절히 바라는 한 가지

10/20

- 나는 뇌가 언제나 깨어 있다.
- 나는 내가 배운 모든 것을 잘 기억한다.
- 나는 목표를 아주 작은 단위로 나눈다.

오늘 간절히 바라는 한 가지

03/12

- 나는 내 몸을 사랑한다.
- 내 주위 모든 사람들이 다들 평온하다.
- 나는 여유가 있다.

오늘 간절히 바라는 한 가지

10/19

- 나는 항상 차분하게 말한다.
- 나는 어떤 상황에서도 내면의 고요함을 유지한다.
- 나는 선한 돈과 긍정의 사람들을 끌어당기는 초강력 자석이다.

오늘 간절히 바라는 한 가지

03/13

- 나는 편안한 마음이 있다.
- 나는 모든 것이 편안하다.
- 내 인생은 평온하다.

오늘 간절히 바라는 한 가지

10/18

- 나는 성숙한 성인 자아이다.
- 나의 내면 아이는 나와 함께 행복하다.
- 나는 삶의 흐름에 내 모든 것을 내맡긴다.

오늘 간절히 바라는 한 가지

03/14

- 내 마음의 평온이 주위를 환하게 비춘다.
- 내 몸은 편안하다.
- 내 마음은 편안하다.

오늘 간절히 바라는 한 가지

10/17

- 나는 훈련이 잘 되어 있는 사람이다.
- 나는 잘 단련되어 있다.
- 나는 온 우주가 사랑하는 순수 영혼이다.

오늘 간절히 바라는 한 가지

03/15

- 나의 모든 것이 편안하다.
- 내 인생은 편안하다.
- 내 가족은 편안하다.

오늘 간절히 바라는 한 가지

10/16

- 나는 행복이 넘친다.
- 나는 평화가 넘친다.
- 나는 잘 단련되어 있다.

오늘 간절히 바라는 한 가지

03/16

- 내 영혼이 편안하다.
- 내 집도 편안하다.
- 나는 안전하다.

오늘 간절히 바라는 한 가지

10/15

- 나는 중심이 잡혀 있다.
- 나는 감사가 넘친다.
- 나는 사랑이 넘친다.

오늘 간절히 바라는 한 가지

03/17

- 나는 변화에 직면할 때 편안하다.
- 나는 언제나 긍정적이고 낙천적이다.
- 나는 누구에게나 밝게 미소 짓는다.

오늘 간절히 바라는 한 가지

10/14

- 나는 모든 경험을 통해 배운다.
- 내 앞에 놓인 모든 경험들은 최상의 선을 향한 과정이다.
- 나는 영감이 넘친다.

오늘 간절히 바라는 한 가지

03/18

- 나는 모든 사람들에게 긍정적인 말로 용기를 준다.
- 나는 타인을 도움으로써 행복해진다.
- 나는 긍정적이다.

오늘 간절히 바라는 한 가지

10/13

- 나는 자극과 반응 사이의 공간에 잠시 감정을 살핀다.

- 나는 온 우주의 사랑이고 기쁨이며 평화다.

- 나는 내 앞에 모든 변화들이 긍정적임을 확실히 안다.

오늘 간절히 바라는 한 가지

03/19

- 나는 항상 긍정적이다.
- 나는 모든 면에서 긍정적이다.
- 나는 매일 긍정적인 삶을 살아간다.

오늘 간절히 바라는 한 가지

10/12

- 나는 매일 수준 높은 질문을 한다.
- 나는 나에게 관대한 사람이다.
- 나는 돈이 나를 사랑하는 사람이다.

오늘 간절히 바라는 한 가지

03/20

- 나는 즐겁고 기쁘게 해낼 수 있다.
- 나는 오직 진리인 긍정만을 본다.
- 나는 내 안의 잠재 가능성을 끌어낸다.

오늘 간절히 바라는 한 가지

10/11

- 나는 최고가 된다.
- 나는 나에게 다가오는 기회를 완벽한 타이밍으로 잡는다.
- 나는 사람들의 가치와 잠재력을 끌어내는 리더다.

오늘 간절히 바라는 한 가지

03/21

- 나는 날마다 모든 것이 전부 다 선으로 바뀌게 한다.
- 나는 타인에게 기여한다.
- 나는 모든 두려움, 의심을 놓아 버린다.

오늘 간절히 바라는 한 가지

10/10

- 나는 슈퍼 리치다.
- 나는 나를 믿고 늘 앞을 내다보며 행동한다.
- 나는 분명한 목표와 긍정적인 신념이 있다.

오늘 간절히 바라는 한 가지

03/22

- 나에게 삶은 쉽고 단순하다.
- 나는 나를 위해 스트레스 없는 세상을 만든다.
- 나는 목과 어깨의 긴장을 풀어주고 편안히 이완한다.

오늘 간절히 바라는 한 가지

10/09

- 나는 세계의 리더를 가르치는 리더다.
- 나는 마음을 단련하는 수행자다.
- 나는 부자다.

오늘 간절히 바라는 한 가지

03/23

- 나는 천천히 숨을 들이마시고 내쉰다.
- 숨을 쉴 때마다 점점 더 편안해지는 나를 느낀다.
- 나는 무엇이든 할 수 있는 사람이다.

오늘 간절히 바라는 한 가지

10/08

- 나는 기적이다.
- 나는 기적 창조자다.
- 나는 사회의 리더다.

오늘 간절히 바라는 한 가지

03/24

- 나는 나에게 오는 어떤 문제라도 잘 다룬다.
- 나는 중심이 잡혀 있고 초점이 목표에 잘 맞춰져 있다.
- 나는 매일 더 안전하다고 느낀다.

오늘 간절히 바라는 한 가지

10/07

- 나는 사랑 받는다.
- 나는 모든 사람들을 존중한다.
- 나는 축복 받았다.

오늘 간절히 바라는 한 가지

03/25

- 나는 감정을 표현할 때 안전하다.
- 나는 어떤 상황에서도 지극히 내면이 평화롭다.
- 나는 재정을 다룰 때 편안함을 느낀다.

오늘 간절히 바라는 한 가지

10/06

- 나는 정겹다.
- 나는 정답다.
- 나는 사랑이다.

오늘 간절히 바라는 한 가지

03/26

- 나는 삶을 신뢰한다.
- 나는 나를 믿는다.
- 나는 하루 동안 일어나는 어떤 문제라도 잘 다룰 수 있다.

오늘 간절히 바라는 한 가지

10/05

- 나는 튼튼하다.
- 나는 온전하다.
- 나는 완전하다.

오늘 간절히 바라는 한 가지

03/27

- 나는 내가 할 수 있다고 믿는다.
- 나는 스트레스는 단지 두려움이란 걸 안다.
- 나는 지금 모든 두려움을 놓아 버린다.

오늘 간절히 바라는 한 가지

10/04

- 나는 해낸다.
- 나는 반드시 성공한다.
- 나는 강하다.

오늘 간절히 바라는 한 가지

03/28

- 나는 내 운명의 선장이다.
- 나는 내 행운의 작가다.
- 나는 내 제국을 만드는 건설자다.

오늘 간절히 바라는 한 가지

10/03

- 나는 계속해서 배우고 성장한다.
- 나는 두려워도 일단 행동하겠다.
- 나는 할 수 있다.

오늘 간절히 바라는 한 가지

03/29

- 나는 이 모든 일을 상위 자아를 위해서 한다.
- 나는 내 위대한 재능을 존중한다.
- 나는 이 모든 일을 내가 사랑하는 사람들을 위해 한다.

오늘 간절히 바라는 한 가지

10/02

- 나는 내가 일한 결과로 보상 받는다.
- 나는 순자산을 늘리는 데 집중한다.
- 나는 돈 관리를 잘한다.

오늘 간절히 바라는 한 가지

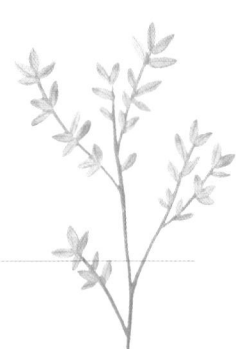

03/30

- 나는 전설적인 존재다.
- 나는 인류애를 실천한다.
- 나는 위대하다.

오늘 간절히 바라는 한 가지

10/01

- 나는 지금 내가 가지고 있는 모든 돈에 진심으로 감사한다.

- 나는 생산성 높은 기회들이 나에게 다가오도록 마음의 문을 연다.

- 나는 돈을 관리하고 불리는 능력이 날로 늘어난다.

오늘 간절히 바라는 한 가지

03/31

- 나는 성공의 빛을 비춘다.
- 나는 어딜 가든 번성한다.
- 나는 생을 다할 때까지 새로운 긍정적인 도전을 한다.

오늘 간절히 바라는 한 가지

09/30

- 나는 다른 사람들의 삶에 가치를 더하기 때문에 부자가 될 자격이 있다.

- 나는 관대하게 사람들에게 대가를 바라지 않고 준다.

- 나는 탁월하게 잘 받는다.

오늘 간절히 바라는 한 가지

04/01

- 나는 모험을 적극적으로 한다.
- 나는 나와 타인의 건강, 행복, 부, 풍요를 위해 기꺼이 나 자신과 다른 사람들을 돕는다.
- 나는 반드시 밝은 면과 낙천적인 면만을 발견한다.

오늘 간절히 바라는 한 가지

09/29

- 돈은 자유를 준다.
- 돈을 통해 삶이 더 즐거워질 수 있다.
- 나는 돈에 대한 어떠한 부정적인 생각도 다 놓아준다.

오늘 간절히 바라는 한 가지

04/02

- 나는 항상 최선의 행동을 한다.
- 나는 올바른 방향을 설정한다.
- 나는 타인의 성공을 마치 내가 이룬 듯 기뻐한다.

오늘 간절히 바라는 한 가지

09/28

- 나는 선한 영향력으로 부유하고 성공한 사람들을 존경한다.

- 나는 행복하고 건강하고 선한 사회적인 기여를 하는 부자들을 역할 모델로 삼는다.

- 나는 돈이 중요하다고 믿는다.

오늘 간절히 바라는 한 가지

04/03

- 나는 과거의 실패를 통해 배운다.
- 나는 미래의 희망을 본다.
- 나는 타인에게 본보기가 되기 위해서라도 자기 향상에 매진한다.

오늘 간절히 바라는 한 가지

09/27

- 나는 내 인생을 창조한다.

- 나는 재정적인 성공을 딱 바라던,
  그 액수(원)로 만들어낸다.

- 나는 언제나 풍요와 부를 창조하길 의도한다.

오늘 간절히 바라는 한 가지

04/04

- 나는 인내하고 노고하고 참고 견디어 내가 목표한 곳에 이르겠다.

- 나는 고난을 찬스로 생각하여 기쁘게 나아간다.

- 나는 어떤 사람과 상황도 두려워하지 않는 강인함을 지닌다.

오늘 간절히 바라는 한 가지

09/26

- 나는 부의 사고 습관을 실천하여 풍성한 수확을 한다.

- 나는 가장 좋은 때에 좋은 결과로 다가올 것을 알기에 모든 집착을 내려놓는다.

- 나는 할 수 있다.

오늘 간절히 바라는 한 가지

04/05

- 내가 할 일은 모두 제때에 한다.
- 내가 해야 할 때이고, 내가 해야 할 일들이기 때문이다.
- 가장 어려운 일을 먼저 한다.

오늘 간절히 바라는 한 가지

09/25

- 나는 타인의 성공을 기도하고 맘껏 축하해 준다.
- 나는 주변의 모든 사람들이 풍성한 부를 누리길 바란다.
- 나는 나 자신과 다른 사람들을 생각할 때 오직 부, 번영, 성공, 승리가 주된 생각이다.

오늘 간절히 바라는 한 가지

04/06

- 내가 하는 일은 잘 풀리게 되어 있다.

- (   )의 판매가 매일 호전되고 있다.

- 나는 어려운 일에 부딪혀도 마음의 안정을 유지한다.

오늘 간절히 바라는 한 가지

09/24

- 인생에 득이 되는 좋은 일들만 일어난다.
- 내 앞에 놓인 모든 변화들은 긍정적인 것이다.
- 나는 자극과 반응 사이의 공간을 긍정적으로 선택한다.

오늘 간절히 바라는 한 가지

04/07

- 결국 자신과 관계된 일은 전부 잘된다는 믿음이 있다.

- 그 신념이 있기 때문에 끊임없이 더 멋진 생각이 떠오른다.

- 나에게는 운 좋은 일이 계속 일어난다.

오늘 간절히 바라는 한 가지

09/23

- 나는 돈을 존중한다.

- 세상의 모든 사람과 사물이 나를 지금 부로 이끌고 있다.

- 나는 세상에서 모든 사람들 중에 가장 선량하고, 부유하고, 훌륭한 사람을 만난다.

오늘 간절히 바라는 한 가지

09/02

- 나는 지불해야 할 금액을 제때에 지불한다.
- 나는 다양한 수입원이 있는 것에 대해 감사한다.
- 내가 더 많이 감사함을 느끼면 느낄수록 더 많이 풍요로워진다.

오늘 간절히 바라는 한 가지

04/28

- 나의 가족은 내가 꿈을 이루는 데 있어 전적으로 도와준다.

- 나의 창조적인 주제들은 나에게 큰 만족감을 준다.

- 나는 내가 내 인생에서 기적을 창조할 수 있다는 것을 안다.

오늘 간절히 바라는 한 가지

04/08

- 나는 잠재의식에 풍요로움을 입력한다.
- 나는 성공한다.
- 나는 반드시 성공한다.

오늘 간절히 바라는 한 가지

09/22

- 나는 돈을 신성하고 소중한 것이라고 선포한다.
- 나는 돈을 좋아한다.
- 나는 돈을 사랑한다.

오늘 간절히 바라는 한 가지

04/09

- 나는 성취의식이 강하다.
- 나는 잠재의식에 힘을 주는 말만 한다.
- 나는 낱말이 의미하는 긍정적인 상태와 환경이 나에게 오는 걸 느낀다.

오늘 간절히 바라는 한 가지

09/21

- 나는 자신과 타인을 향해 긍정적으로 말하는 습관을 가졌다.

- 나는 항상 성공을 향한 긍정적인 마인드를 유지한다.

- 나는 마음속에 부의 이미지를 확고히 새긴다.

오늘 간절히 바라는 한 가지

09/03

- 나는 풍요로웠고, 지금 풍요롭고, 앞으로도 풍요로워질 것이다.

- 나는 내가 항상 필요한 것을 다 얻는다.

- 우주는 항상 나를 잘 보살펴 준다.

오늘 간절히 바라는 한 가지

04/27

- 나는 어제와 다른 일을 한다.
- 나는 어떤 분야를 선택하든 창조적 표현을 잘한다.
- 나는 창조성을 표현하기 위한 시간이 충분하다.

오늘 간절히 바라는 한 가지

09/04

- 나는 돈이 따라붙는 자석이다.
- 모든 종류의 풍요로움이 나에게로 몰려온다.
- 나는 돈을 사랑한다.

오늘 간절히 바라는 한 가지

04/26

- 나는 항상 창조적인 것들에 관심을 가진다.
- 나는 '사랑'에 관한 생각을 떠올리려 할 때 쉽고 어려움 없이 창조력을 발휘한다.
- 나는 매일 새로운 것을 시도한다.

오늘 간절히 바라는 한 가지

09/05

- 나는 돈을 자연스레 끌어온다.
- 나는 자연의 기적이다.
- 자연은 풍요로움이다.

오늘 간절히 바라는 한 가지

04/25

- 나는 매일 한 가지씩 능동적인 선택을 한다.
- 나는 내가 가지고 있는지 몰랐던 재능을 발견하고 있다.
- 나는 창조성을 완전히 표현하는 데 대한 걸림돌을 놓아준다.

오늘 간절히 바라는 한 가지

09/06

- 나는 풍요로운 자연의 기적이다.
- 내 수입은 꾸준히 증가한다.
- 나는 어딜 가든 번성한다.

오늘 간절히 바라는 한 가지

04/24

- 나는 매일 마음을 모을 수 있는 의식을 행한다.
- 나는 중요한 일을 우선적으로 한다.
- 나는 계획한 일을 소화 능력에 맞게 나눈다.

오늘 간절히 바라는 한 가지

09/07

- 나는 돈을 두려움 없이 현명하게 사용한다.
- 나는 돈을 선순환을 잘 시킨다.
- 나는 돈의 공급원이 끊임없기 때문에 즉각 돈이 채워질 것을 안다.

오늘 간절히 바라는 한 가지

04/23

- 나는 내 안에 나보다 더 큰 존재가 있음을 믿는다.
- 나는 긍정적이고 구체적인 질문을 한다.
- 나는 강점과 재능에 근거한 큰 그림을 그린다.

오늘 간절히 바라는 한 가지

09/08

- 나는 돈을 사용하는 데 대한 두려움이 없다.
- 왜냐하면 돈의 공급처인 신은 즉각적으로 공급해 주고 끊임없이 채워 주기 때문이다.
- 나는 내 안에 있는 황금을 알아볼 수 있는 의식을 꺼낸다.

오늘 간절히 바라는 한 가지

04/22

- 나는 내가 하는 일의 이유를 안다.
- 나는 마음의 상태를 잘 안다.
- 나는 나보다 더 큰 위대한 존재의 힘을 안다.

오늘 간절히 바라는 한 가지

09/09

- 부의 흐름이 나에게 완벽한 방식으로 다가온다.
- 매일 모든 면에서 나는 더욱 더 풍요로워지고 있다.
- 나는 우주에 존재하는 모든 풍요로움을 받아들인다.

오늘 간절히 바라는 한 가지

04/21

- 나는 진심을 공감한다.
- 모든 답은 내 안에 있다.
- 나의 답은 지금 이 순간이다.

오늘 간절히 바라는 한 가지

09/10

- 나는 풍요롭기 위해서 태어났다.
- 나는 풍요로움의 운명을 타고났다.
- 나는 돈을 나누며 쓸 정도로 아주 많이 있다.

오늘 간절히 바라는 한 가지

04/20

- 나는 몰입해서 행복하다.
- 나는 진심을 믿는다.
- 나는 진심을 짓는다.

오늘 간절히 바라는 한 가지

09/11

- 매일 모든 면에서 내 재화가 늘고 있다.
- 나는 내 삶에 존재하는 모든 풍요로움에 감사한다.
- 오늘은 부자의 기회가 찾아오는 날이다.

오늘 간절히 바라는 한 가지

04/19

- 나는 삶을 믿는다.
- 나는 무엇을 선택하든지 몰입한다.
- 내가 몰입된 순간은 아주 멋지다.

오늘 간절히 바라는 한 가지

09/12

- 나는 그 기회를 마음의 문을 열고 환영한다.
- 돈에 대한 나의 태도는 항상 매일 더 긍정적으로 변화하고 있다.
- 나는 부자가 될 자격이 충분하다.

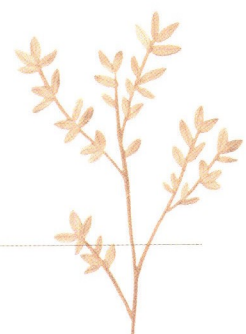

오늘 간절히 바라는 한 가지

04/18

- 나는 사랑하고 충만하고 조화로운 우주에 산다.
- 나는 충만한 우주에 감사한다.
- 삶은 내가 필요로 하는 것들을 풍족하게 채워 준다.

오늘 간절히 바라는 한 가지

09/13

- 나는 재정적인 자유가 있다.
- 나는 돈에 대해 긍정적으로 생각하는 것이 쉽다.
- 나는 돈을 투자하는 데에 대해 마스터다.

오늘 간절히 바라는 한 가지

04/17

- 나는 내가 하는 일에 대한 보수를 잘 받는다.
- 나에게로 들어오는 돈은 쓰기 위한 기쁨이다.
- 나는 돈의 일부분을 저축하고 일부분은 쓰고 일부분은 투자한다.

오늘 간절히 바라는 한 가지

09/14

- 나의 재정적인 투자들은 항상 두 배 이상의 수익을 나게 한다.
- 재정적인 기회가 항상 내 삶에 많이 있다.
- 내 안에 풍요로움이 있다.

오늘 간절히 바라는 한 가지

04/16

- 나는 번성할 수 있도록 사람들을 돕는다.
- 삶은 나에게 놀라운 방식으로 도움을 준다.
- 나는 지금 내가 사랑하는 일을 한다.

오늘 간절히 바라는 한 가지

09/15

- 내 주변에는 풍요로움만이 존재한다.
- 매일이 풍요로운 날이다.
- 매일 나는 더 많은 돈을 끌어당긴다.

오늘 간절히 바라는 한 가지

04/15

- 나에게는 기회가 어디든지 있다.

- 나는 우리가 이 세상에 서로를 위해 축복하고 풍요롭게 성장하기 위해 왔다고 믿는다.

- 나는 매일 멋진 관계를 맺는다.

오늘 간절히 바라는 한 가지

09/16

- 나는 지금 나 자신을 번영하는 사람으로 간주한다.

- 새로운 기회가 축복 가득 담아 나에게 오고 있다.

- 나는 일관성 있고 쉽게 내가 바라는 꿈을 이루기 위한 돈이 나타나게 한다.

오늘 간절히 바라는 한 가지

04 / 14

- 돈은 내가 예상한 곳에서 들어오기도 하고 예상치 못한 곳에서 들어오기도 한다.

- 나는 무제한적인 선택을 할 자유가 있다.

- 나는 능력이 많다.

오늘 간절히 바라는 한 가지

09/17

- 나는 자유롭게 돈을 주고받는다.
- 나의 재정 상태는 신성하고 축복받았다.
- 나는 믿을 수 없는 기회들을 끌어당긴다.

오늘 간절히 바라는 한 가지

04/13

- 오늘은 기쁜 날이다.
- 오늘은 새로운 날이다.
- 오늘은 삶의 비밀을 배우는 날이다.

오늘 간절히 바라는 한 가지

09/18

- 나는 내 삶에 부를 창출하도록 완벽한 기회를 잡는다.

- 나는 재정적인 주제에 관해서는 신성한 지혜가 있다.

- 나는 풍요로움을 보고 번영을 짓는다.

오늘 간절히 바라는 한 가지

04/12

- 나에게로 모든 종류의 풍요로움이 몰려온다.
- 나는 삶으로부터 더 좋은 것을 받아들이도록 마음의 문을 연다.
- 내가 일하는 곳이 어디가 되었든지 간에 깊게 감사하고 보상 또한 잘 받는다.

오늘 간절히 바라는 한 가지

09/19

- 나는 내가 부를 누릴 가치가 있다고 생각한다.
- 나는 부에 마음이 열려 있다.
- 나는 모든 풍요로움을 끌어당기도록 시각화한다.

오늘 간절히 바라는 한 가지

04/11

- 나는 무조건 잘된다.
- 나는 성공의 빛이다.
- 나는 돈을 자석같이 끌어당긴다.

오늘 간절히 바라는 한 가지

09/20

- 나는 완전한 풍요로움에 대한 비전을 가진다.
- 나는 모든 부를 마음의 문을 열어 받아들인다.
- 나는 돈이 애씀 없이 쉽게 나에게 오도록 한다.

오늘 간절히 바라는 한 가지

04/10

- 나는 번영한다.
- 나는 번창한다.
- 나는 잘된다.

오늘 간절히 바라는 한 가지

딱 **1년**만 말투를 바꿔 보자

369
긍정확언

엄남미 지음

나만의 긍정 확언

오늘 간절히 바라는 한 가지

나만의 긍정 확언

오늘 간절히 바라는 한 가지

지은이 **엄남미**

한국 외국어 대학교 졸업, 단국대학교 석사, 유나이트 항공사근무, 고등학교 영어 교사로 재직하다가 새로운 꿈을 향해 꿈틀거리는 꿈을 안고, 좋은 직장을 과감히 나왔다. 이후 번역 와 작가의 길을 걷다가 삶에 대한 근원적인 질문을 한다.

"진정으로 가슴 떨리는 꿈은 무엇일까?"

아내로서 여성으로서 엄마로서 살지만 가슴속에서 꿈틀거리는 소망이 질문을 하게 했다. 책을 읽고 마침내 아침에 일어나는 방식을 바꾸면 삶이 완전히 달라진다는 문장을 읽고, 그 말이 진실인지 실험을 해보기로 했다. 진짜로 달라지는지. 그래서 카페를 만들었다. 아침에 일어나서 꿈을 위한 시각화, 확언, 운동, 독서, 명상, 글쓰기를 카페의 회원님들과 공유했다. 7년의 실험 결과 많은 가정이 바뀌고, 긍정적으로 변화하는 모습을 보고 삶에 대한 무한 긍정이 가능하게 되었다. 충실한 만족감과 행복한 감정이들 때가 많아 꿈을 찾고 있는 사람들과 아내와 아이를 키우는 엄마들을 위해 책을 쓰게 되었다.

꿈을 꾸고 이루기 위한 행동을 하니 기회가 많아진다. 방송 신문 연재, 강연 등 활발한 활동을 이어가고 있다. 특히 〈여성공감〉, 〈화제집중〉, 〈화예TV〉, 〈인천시 미라클

나만의 긍정 확언

오늘 간절히 바라는 한 가지

맵 강연〉, 〈농어촌진흥 연구소〉, 〈농어촌 여성 지도자〉, 〈통영시 공무원 지도자〉, 〈원자력 연구소 원우회〉 등의 정기간행물, 방송과 잡지에 꿈에 관하여 강연과 연재활동을 활발히 하고 있다. 〈한국 미라클모닝〉 등의 연재, 고려대학교 등의 강연을 통해 학생과 직장인, CEO 등을 대상으로 인생을 바꾸는 감사 메모 습관에 대해 소개하고 있다. 또한 10만 명의 사람들이 다녀가는 '한국 미라클모닝' 카페를 직접 운영하며 많은 회원들이 새로운 삶을 개척하는데 도움을 주고 있다. 의식을 바꾸는 책을 출판하는 일을 하고 있고, 철인 3종 경기 완주자, 마라토너, 100km 울트 라 마라토너로 도전하는 삶을 꿈꾸며 지속한다.

지은 책으로《기적의 1초 습관》,《톡톡 튀는 아내의 비밀 톡》,《세상에는 네모가 너무 많아》,《미라클맵》,《딱 1년만 말투를 바꿔 보자》,《기적을 만드는 감사메모》 등이 있다.

옮긴 책으로《나는 할 수 있어》,《무작》,《삶에 기적이 필요할 때》,《해피나우》,《루이스 헤이의 내면의 지혜》,《루이스 헤이의 명상록》,《미라클 바디》 등이 있다.

나만의 긍정 확언

오늘 간절히 바라는 한 가지

369 긍정 확언 달력 서문

딱1년만 말투를 바꾸자 책이 나온 지 2년이 되었습니다. 그 동안 하루도 빠지지 않고 책을 읽고, 확언을 쓰고, 감사한 일들과 간절히 바라는 것을 책에다 기록한 분들이 많습니다. 그 결과, 기적 같은 일들이 많이 일어난다고 전해주십니다. 간절히 바라는 것을 매일 하루에 한 가지를 쓰고 그대로 실천하니 꿈이 이뤄지고 있다는 분들로 감사의 인사를 참 많이 받습니다. 더 많은 분들이 긍정 확언을 통해 삶의 풍요를 누리길 바라는 마음에서 긍정 확언 369 달력을 기획했습니다.

우리는 과거 잠재의식에 25,000가지 이상의 부정적인 말을 듣고 자랐습니다. 그래서 아무리 삶을 바꾸려 해도 행동이 선뜻 나가지 않습니다. 그 이유는 수많은 부정적인 확언들 때문입니다. "너는 이래서 안 돼. 너는 이래서 못 해. 너는 안 돼. 하지 마. 못 해." 등 이런 부정적인 확언을 얼마나 많이 듣고 자라셨나요? 사회가 혹은 부모님, 학교 선생님 등 우리가 믿고 따랐던 사람들이 하는 말을 무의식적으로 의심 없이 그냥 믿어버렸습니다. 그 결과 잠재의식에 화석화가 되어버렸습니다. 믿음이 행동을 방해합니다. 부정 확언에 대한 믿음을 바꾸는 것이 쉽지는 않지만 그래도 바꿀 수 있습니다.

매일 새로운 긍정의 말씨, 즉 긍정 확언을 거의 외우다시피해, 잠재의식에 새로운

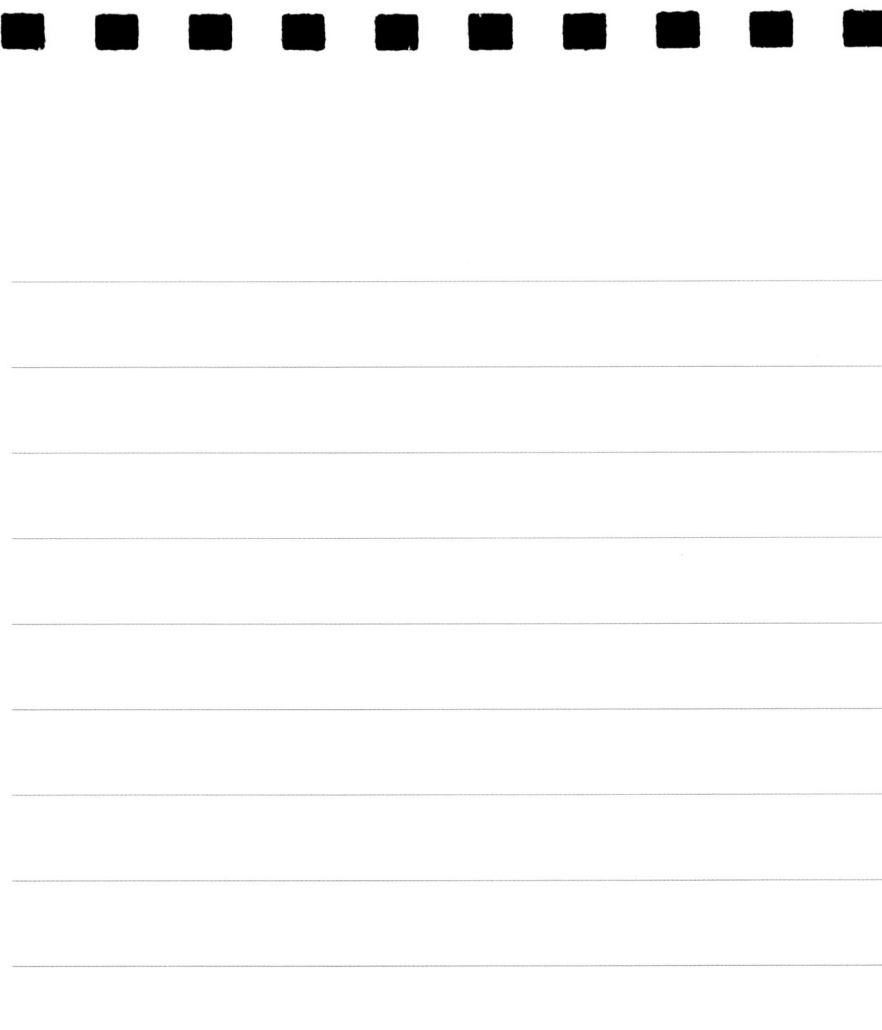

말을 각인시켜서 반복하면 잠재의식이 변화하기 시작합니다. 매일 눈에 잘 보이는 곳에다 놓고 스치듯이 읽으면 좋습니다. 반복과 노출의 원리에 의해서 잠재의식은 조금씩 바뀌기 시작합니다. 딱 1년만 말투를 바꿔보자 책의 확언들은 전 세계의 백만장자 이상의 사람들이 매일 아침에 일어나자마자 거울을 보면서 외치는 확언입니다. 부와 성공과 행복과 관계에 있어서 풍요로움을 끌어당길 수 있는 엄선되고 검증된 확언들만 골라서 실었습니다.

매일 설거지를 할 때 싱크대 위에, 물을 마시는 정수기 위에, 일어나자마자 보는 화장실 거울 앞의 선반에 두고 읽어보세요. 책상 위에 업무하는 공간의 테이블 위에 이 《딱 1년만 말투를 바꿔보자 369 긍정확언》을 세워 놓고 매일 무의식적으로 읽으신다면 하루를 좋은 기운으로 시작할 수 있습니다. 반드시 1년 후에는 여러분이 간절히 바라는 풍요가 삶에 스며들고 좋은 기회들이 많이 나타날 것입니다. 놀라운 기적 같은 일들이 나타나기도 합니다. 간절히 바라는 것의 불타는 욕망이 여러분에게 간절한 것들이 오도록 잠재의식을 바꿀 것입니다.

열심히 하루를 보내면서 "나는 왜 이리 되는 일이 없을까"라는 말투를 369일 긍정확언 달력에 있는 것처럼 "나는 내가 할 수 있다고 믿는다."라고 읽고, 말해보고, 자주 보는 곳에다 두고 매일 보면 '되는 일이 없는 나'에서 '무엇이든 할 수 있는 나'로 바뀝니다.

1년 동안 알게 된 점, 새로 배운 점, 자아성찰

말은 그 자체로 생명력을 가진 씨앗입니다. 좋은 씨앗을 뿌리면 좋은 열매가 나오고, 유통기간이 지나거나 안 좋은 씨앗을 뿌리면 안 좋은 열매가 맺히거나 아예 열매가 맺히기 전에 씨앗은 제 기능을 못 할 것입니다. 여러분이 매일 씨앗에 정성스럽게 물을 주고, 마음을 따뜻하게 하여 좋은 씨앗을 심장에 품으면 반드시 그 씨앗이 여러분의 삶이라는 숲에 풍성하게 열매를 맺게 해줄 것입니다. 전체적으로 여러분의 삶이 풍요롭게 될 것입니다. 이 글을 읽고, 확언을 외우고 소리 내어 외치는 동안 제가 여러분을 응원하고 있다는 사실을 꼭 기억하시기 바랍니다. 파이팅! 감사합니다.

저자 엄남미

12/31

- 모든 일이 잘 되고 있다.
- 모든 것은 나의 최상의 선을 위해 일어나고 있다.
- 이 상황에서 좋은 것만이 주어진다는 것을 안다.

오늘 간절히 바라는 한 가지

12/30

- 나는 내가 받기를 바라는 것만을 준다.

- 다른 사람을 사랑하고 인정하는 것은 나에게 돌아온다.

- 내가 어디에 있든, 무한한 행복, 무한한 지혜, 무한한 조화, 무한한 사랑만이 존재한다.

오늘 간절히 바라는 한 가지

01/01

- 내 직장은 평화로운 안식처다.
- 나는 내 직업을 사랑으로 축복한다.
- 나는 모든 곳에 사랑의 메시지를 보낸다.

오늘 간절히 바라는 한 가지

12/29

- 내 삶은 하루하루가 멋진 경험이다.
- 나는 새로운 순간이 가져다주는 좋은 것들을 기대한다.
- 삶은 모든 가능한 방법으로 나를 지지하고 도와준다.

오늘 간절히 바라는 한 가지

01/02

- 내 직장은 따뜻함과 편안함과 사랑으로 보답한다.
- 나는 평화롭다.
- 내가 어디에 있든 무한 행복, 지혜, 조화, 사랑만이 존재한다.

오늘 간절히 바라는 한 가지

12/28

- 나는 내가 될 수 있는 축복을 나에게 준다.
- 나는 나 자신을 존중한다.
- 나는 나를 소중히 대하므로 자존감도 높다.

오늘 간절히 바라는 한 가지

01/03

- 나는 지금 이 순간 행복을 느낀다.
- 나는 유연한 마음을 가진다.
- 나는 좋은 습관을 실천한다.

오늘 간절히 바라는 한 가지

12/27

- 나는 기적을 받아들인다.
- 나는 무엇보다도 먼저 나를 받아들인다.
- 나는 소중한 존재다.

오늘 간절히 바라는 한 가지

01/04

- 나는 물질과 정신의 균형적인 삶을 실천한다.
- 나는 타인에게 봉사하는 마음과 목표를 가진다.
- 나는 신, 진리, 더 높은 목표와의 약속을 지키도록 노력한다.

오늘 간절히 바라는 한 가지

12/26

- 나는 멋진 미래가 나타나는 것을 기꺼이 허용한다.
- 나는 신성한 삶의 감동적인 표현이다.
- 나는 최상의 것들을 받을 가치가 있다.

오늘 간절히 바라는 한 가지

01/05

- 나는 스스로 평화와 균형을 지키는 훈련을 한다.
- 나는 올바른 이성과 지혜를 키운다.
- 나는 성공을 향해 도전한다.

오늘 간절히 바라는 한 가지

12/25

- 나는 가슴속 깊이 이미 존재하는 사랑을 느낀다.
- 나는 사랑이 나를 치유한다는 것을 안다.
- 나는 과거와 현재에 창조한 모든 경험을 받아들인다.

오늘 간절히 바라는 한 가지

01/06

- 나는 나의 생각을 잘 표현한다.
- 나는 얻은 것에 만족한다.
- 나는 매 순간 감사한다.

오늘 간절히 바라는 한 가지

12/24

- 나는 나를 있는 그대로 온전히 사랑한다.
- 나는 나를 지금 모습 그대로 인정한다.
- 나는 내가 어디에 있든지 나를 믿고 지지한다.

오늘 간절히 바라는 한 가지